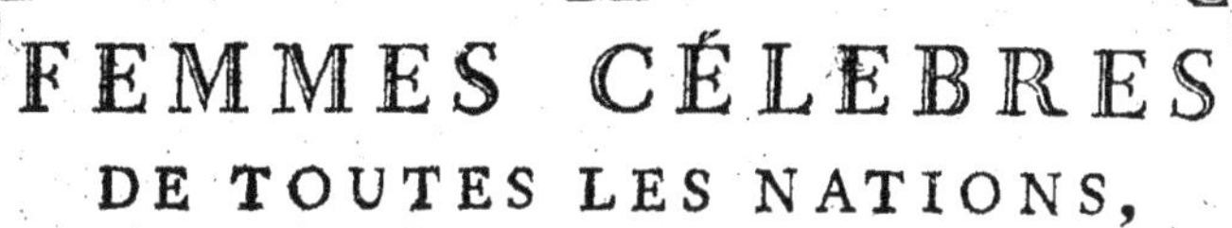

FEMMES CÉLEBRES
DE TOUTES LES NATIONS, AVEC LEURS PORTRAITS:

Ouvrage présenté au ROI, *à la* REINE & *à la Famille Royale.*

> Non! Promethée aux Cieux n'a pas ravi la flame,
> Sans doute il la puisa dans les yeux d'une Femme.

Jeanne Premiere Reine de Naple —

VIIIIeme LIVRAISON.

Prix 3 livres, & 4 liv. colorié pour MM. les Souscripteurs;
(& 4 liv. & 5 liv. par Numéro *sans souscrire.)*

A PARIS,

Chez { M. TERNISIEN D'HAUDRICOURT, Auteur de cet Ouvrage, rue ~~Saint-Honoré [illegible]~~ feydeau N°. 19
Et GATTEY, Libraire, au Palais-Royal, N°. 14.

M. DCC. LXXXVIII.

Avec Approbation & Privilége du Roi.

GALERIE UNIVERSELLE.

JEANNE PREMIERE, REINE DE NAPLES.

Ce fut vers le milieu du treizième ſiècle, que le Royaume de Sicile, dont une partie a été appellée le Royaume de Naples, paſſa dans la Maiſon de France, en la perſonne de Charles d'Anjou, frère du Roi Saint-Louis, & triſayeul de Jeanne dont j'écris l'Hiſtoire.

Ce pays conquis par ſix braves avanturiers Normands, fut gouverné par des Rois de leur race, juſqu'à ce que l'Empereur, Henri VI, faiſant valoir les droits de Conſtance, ſa femme, joignit ce Royaume

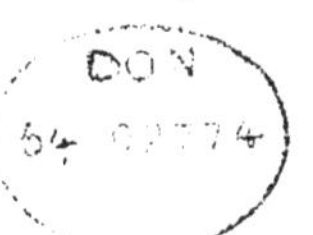

droits de Conſtance, ſa femme, joignit ce Royaume à l'Empire ; mais après la mort de Frédéric II, ſon fils, les Papes la déclarèrent dévolue au Saint Siége, dont les Princes Normands avoient bien voulu relever ; ce qui fut ſuivi de la révolte preſque générale des Siciliens.

Conrard, fils de Frédéric, luta quelque temps contre ſa mauvaiſe fortune ; mais enfin après avoir fait tuer ſon neveu, pour s'emparer de ſes tréſors, il mourut n'ayant pas joui de ſon crime ; & aveuglé à ce point, qu'il laiſſa la tutele de ſon fils Conradin, à Mainfroy, qui l'avoit empoiſonné.

Mainfroy abuſant bientôt de cette confiance, uſurpa le Royaume de ſon Pupile. Le Pape irrité de ſon procédé, qu'il n'avoit pas même eſſayé de couvrir, du conſentement de l'Egliſe, lança ſur lui les foudres du Vatican, & offrit la Sicile à Charles d'Anjou, que ſa naiſſance & ſa valeur rendoient d'ailleurs digne du trône. Ce Prince, avec le ſecours du Roi ſon frère, & du Pape, aborda en peu de jours à Oſtie, & fut enſuite couronné dans Rome, Roi de Sicile. Il reconnut ſolemnellement, qu'il tenoit ſa couronne du Saint Siége, auquel il s'obligea à payer tous les ans une certaine ſomme d'argent, & à préſenter une haquenée blanche : traité où le Pape & le Prince trouvoient également leur compte.

Auſſi-tôt après, Charles, marchant droit à Naples, gagne cette fameuſe bataille près de Bénévent, où Mainfroy fut tué. Après avoir défait l'uſurpateur, il eut à combattre l'héritier légitime. Des commencemens heureux avoient ſemblé favoriſer d'abord le droit de Conradin, cependant il perdit enſuite la bataille & la liberté, près du lac Célano. Charles d'Anjou auroit été couvert de gloire, s'il n'eût pas traité un Prince Chrétien plus inhumainement, que le Soudan d'Egypte ne l'avoit traité lui-même, & s'il n'eût pas fait mourir en ſa préſence un Souverain, ſon priſonnier & ſon égal, repaiſſant ſes yeux d'un ſpectacle qui le déshonoroit : ainſi tomba la dernière tête de l'illuſtre Maiſon de Suaube, ſous la main du bourreau ; mais Charles n'en fut pas plus heureux.

Il vit périr tous les François aux Vêpres Siciliennes, & ſon fils Charles, le boiteux, tomber entre les mains du Roi d'Aragon, ſon plus cruel ennemi. On eût vengé ſur ce jeune Prince, la mort de Conradin, ſi par une réponſe toute chrétienne, il n'eût évité le coup en s'y ſoumettant : car Conſtance, Reine d'Aragon, lui ayant fait ſavoir un Vendredi, l'Arrêt qui le condamnoit à la mort, il répondit qu'il se trouvoit heureux de perdre la vie le même jour que le Sauveur du monde étoit mort pour lui. Constance étoit une Princesse religieuse, qui n'avoit consenti qu'à regret à la mort de Charles le boiteux. Elle lui fit dire, que s'il se souvenoit du jour des souffrances du Seigneur, elle n'avoit pas oublié de son côté, que le même jour il avoit pardonné à ses ennemis; qu'à son exemple elle vouloit bien aussi lui pardonner.

Charles le boiteux, avoit épousé avant sa prison, l'héritière du Royaume de Hongrie, de laquelle il eut plusieurs enfans.

Charles Martel, qui étoit l'aîné, fut Roi de Hongrie; il laissa par son testament, le Royaume de Sicile à Robert le Sage, son troisième fils, ayeul de Jeanne Première. Philippe, fut Prince de Tarente; Jean, fut Duc de Duras; & ces deux Princes ne furent point mariés.

Robert le Sage, Roi de Sicile & de Naples, a tant de part à l'Histoire de Jeanne, sa petite-fille, qu'il est à propos d'en donner ici une idée.

Les troubles qui parurent au commencement de son règne, ayant été bientôt appaisés, il devint en peu de temps, l'arbitre des Princes d'Italie, & le défenſeur de l'Egliſe ; ſes lumières & ſon zèle dans l'adminiſtration de la Juſtice, ſa piété, ſans fard, ſa valeur ſans oſtentation, le mirent bien au-deſſus des Princes de ſon temps. On l'a comparé à Salomon, à cauſe des belles qualités dont il étoit orné. L'on éprouva ſous ſon règne, que les peuples ne ſont jamais plus heureux que quand leurs Rois ſe font une étude de la ſageſſe ; c'étoit par-là qu'il ſe croyoit heureux lui-même. Il aſſuroit que le commerce des Savans & des Livres lui étoit plus cher que ſa couronne. Les Gens de Lettres trouvèrent toujours auprès de lui une reſſource contre les diſgraces de la fortune, qui les a de tout temps perſécutés. Pétrarque & Bocace entr'autres, furent fort avant dans ſes bonnes graces ; le premier ſi connu par les Vers que ſa paſſion pour Laure de Sado lui fit faire ; le ſecond, par les Contes que nous avons de lui ſur la malignité, les foibleſſes, & les infidélités des femmes.

Robert avoit toute ſa vie travaillé à aſſurer ſa couronne dans ſa famille ; toutes ſes vues alloient là ; mais il vit tous ſes deſſeins renverſés, par la mort du Duc de Calabre, ſon fils unique, qui ne laiſſoit que des filles.

Il reſſentit cette perte avec toute la douleur d'un

bon père, & avec toute l'inquiétude d'un grand politique. Il disoit que sa couronne étoit tombée de dessus sa tête, qu'il perdoit beaucoup; mais que ses peuples perdoient encore davantage. Il eût succombé à ce malheur, si sa raison, qu'il avoit tant cultivée, ne fût venue enfin à son secours. Il prit alors des mesures infaillibles, pour conserver ses Etats à Jeanne, l'aînée de ses petites-filles : dans cette vue, il se proposa de la marier, quoiqu'elle n'eût que six ans, à André de Hongrie, son petit-neveu, qui n'en avoit que cinq. Pour comprendre les avantages de cette alliance, il ne faut que faire attention aux intérêts des Princes de Hongrie & aux siens.

Charles le boiteux, voyant que Carobert, sorti de Charles Martel son fils aîné, régnoit paisiblement en Hongrie, avoit laissé par son testament, comme nous avons dit, le Royaume de Sicile à Robert le Sage, son troisième fils. Après la mort de Charles le boiteux, le Roi de Hongrie, comme représentant l'aîné, prétendit avoir la Sicile au préjudice de son oncle. Les Jurisconsultes firent plusieurs traités à cette occasion, les uns pour l'oncle, les autres pour le neveu : le Pape Clément décida pour le premier.

Les raiſons de bienſéance & de politique l'emportèrent en cette occaſion ſur le droit naturel. Le Roi de Hongrie étoit un jeune Prince ſans expérience, déja maître d'un grand Etat. Robert, au contraire, étoit d'un âge mûr ; il avoit donné des marques d'une prudence conſommée, & d'une haute valeur ; de plus il avoit de ſon côté le teſtament du Roi ſon père.

Ce fut par là qu'il demeura paiſible poſſeſſeur du Royaume de Sicile. Tant qu'il vécut, non-ſeulement il ſut le conſerver, mais il le rendit encore très-floriſſant ; & ſi ſon fils ne fût pas mort dans une grande jeuneſſe, ce fils eût été un des plus puiſſans Princes de l'europe. Ce jeune Prince étant venu à mourir, Robert craignit, avec raiſon, que le Roi de Hongrie ne tirât un jour avantage de la jeuneſſe de Jeanne pour la dépouiller. Ce fut ce qui l'obligea de la marier à André, ſecond fils du Roi Carobert, faiſant par cette alliance une eſpèce de reſtitution aux enfans de ſon aîné, ce qui a donné lieu à des Auteurs d'écrire qu'il en uſa de la ſorte par délicateſſe de conſcience, & que ſa piété, auſſi bien que ſa politique, concoururent à ce deſſein.

Quoi qu'il en ſoit, les nôces ſe célébrèrent avec

beaucoup de magnificence. Robert ſouhaita de faire élever le jeune André auprès de ſa petite-fille, ſe perſuadant qu'ils prendroient inſenſiblement de l'inclination l'un pour l'autre. Cette ſage précaution, qui eût été heureuſe dans un mariage bien aſſorti, eut un effet tout contraire : l'averſion mutuelle qu'ils conçurent dès leur enfance, fut comme un effet de l'antipathie qui éclata entr'eux dans la ſuite ; la haine de Jeanne augmentant tous les jours pour un Prince dont les défauts croiſſoient avec l'âge.

Rien n'étoit en effet plus mal aſſorti que ces deux jeunes perſonnes. On remarquoit dans les manières & ſur le viſage de Jeanne, une douceur majeſtueuſe, qui inſpiroient néceſſairement du reſpect, & même une ſorte d'amour à ceux qui l'approchoient. Sa voix avoit un charme infini pour gagner les cœurs, auſſi bien que ſa beauté. Elle étoit familière, ſenſible au malheur d'autrui, ſe faiſant un plaiſir d'obliger. On voit encore aujourd'hui ſon portrait à Naples : elle y eſt repréſentée gracieuſe, aimable, pleine de bonté, juſques-là, que pluſieurs n'ont pû regarder cette peinture ſans amour. Eſt-il étonnant qu'elle en ait tant donné durant ſa vie ? heureuſe ſi elle ſe fût défendue d'en prendre.

Le

Le Prince, ſon mari, né parmi les peuples alors barbares, faiſoit voir au contraire un naturel pareſſeux & ſtupide. On crut d'abord qu'il ſe déferoit peu-à-peu de la groſſièreté de ſes mœurs dans une Cour polie, que l'âge & les bons Maîtres adouciroient ſon eſprit, & fortifieroient ſa raiſon. On l'eſpéra inutilement ; il ne ſortoit de ſon indolence que par des emportemens brutaux, & à travers ſon aſſoupiſſement & ſa peſanteur, on appercevoit de la malice & de la férocité.

Le caractère équivoque d'André, fit comprendre au Roi Robert, que les meſures les mieux priſes ſont ſouvent inutiles, & que ſi ſa précaution garantiſſoit ſon Etat d'une guerre étrangère, il avoit peut-être jetté pour toujours, des ſemences de haine & de diviſion dans ſa famille. Il crut apporter quelque remède à ce mal, en faiſant proclamer Jeanne, ſeule Reine de Sicile, & Comteſſe de Provence ; ce qu'il confirma quelques années après, étant au lit de la mort, en préſence des principaux Seigneurs du Royaume ; il ajouta que ſi Jeanne venoit à mourir ſans enfans, il vouloit que ſa ſœur Marie lui ſuccédât ; qu'en ce cas André auroit la Principauté de Salerne ; qu'au reſte, ſes filles & ſon gendre ſe conduiroient jusqu'à l'âge de vingt-cinq ans par le conseil de la Reine Sanche, sa femme, de l'Evêque de Cavaillon, Vice-Chancelier du Comte de Haute-Flamme, Sénéchal de Provence, & du Comte d'Equillas, Amiral.

Il voulut encore, que les Comtés de Piémont, de Forcalquier & de Provence, demeurassent unies pour toujours au Royaume de Sicile.

Ce fut dans ces derniers momens, qu'ayant fait approcher la Princesse de son lit, il lui tint ce discours, qu'elle n'oublia que trop tôt dans la suite: « Je vous laisse, ma fille, un Royaume florissant, » dont les plus grands Princes voudroient devenir » Souverains. Si le Prince André meurt avant vous, » & que vous n'ayez de lui aucun enfant, je ne crois » pas que son procédé vous rende sa mémoire assez » chère, pour vous empêcher de prendre un second » mari; alors vous choisirez un Prince puissant, qui » soit en état de soutenir le poids de la guerre. Préférez toujours le bonheur de vos peuples à votre » goût particulier, si vous vous trouvez pressée par » vos ennemis, vous remettrez aussi-tôt vos Etats » entre les mains du Pape; sa protection ne peut » manquer de vous être très-avantageuse ».

Ce furent là les dernières paroles de ce ſage Roi, qui avoit ſçu ſoutenir ſa fille contre les dégoûts que lui donnoit continuellement ſon mari. Après ſa mort, cette Princeſſe abandonnée à elle-même, tomba dans des malheurs infinis, dont juſques-là il l'avoit toujours garantie.

Le premier ſoin de la jeune Reine, fut de faire mettre ſon nom dans tous les actes, ſans y joindre celui de ſon mari. Ce n'eſt pas qu'elle fût née extrêmement ambitieuſe : la manière dont elle en uſa depuis avec Louis, Prince de Tarente, prouve aſſez qu'elle étoit exempte de cette paſſion ; mais elle ne pouvoit donner une place au trône à celui qui n'en avoit aucune dans ſon cœur. Jeune, piquante, très-ſenſible à l'amour, elle ſe voyoit ſacrifiée à un homme continuellement accablé ſous les fumées du vin, qui ne répondoit à ſes careſſes qu'avec froideur, ſoit que ce fût ſeulement un effet du peu de tendreſſe qu'il avoit pour elle, ou que ſon tempérament fût en cela d'intelligence avec ſon peu d'amour ; de manière que ſe croyant mépriſée, elle crut être en droit de ſe venger d'un époux qui faiſoit tort à ſes charmes, en la privant de ſes plaiſirs.

Eliſabeth, Reine de Hongrie, & mère d'André,

apprit avec chagrin ces démêlés domestiques, & le peu de cas que l'on faisoit à Naples, de son fils. Elle vint dans cette Cour, croyant que sa présence adouciroit toutes choses ; ce fut là qu'elle fut témoin de la manière dont la Reine en usoit avec André ; elle démêla même quelques intrigues secrètes de cette Princesse, qui se dédommageoit pas ses bontés pour quelques-uns de ses sujets, du peu d'agrément qu'elle trouvoit avec le Prince.

La Reine Sanche, & les autres Administrateurs du Royaume n'avoient qu'un nom sans autorité. On éloignoit des charges & des honneurs, les Hongrois, & tous les autres qui avoient part à la confiance du Prince ; on écartoit les vieux courtisans du feu Roi, gens que l'exemple de leur Maître avoit formé à la vertu & à la sagesse, & dont la présence sembloit condamner les désordres de la nouvelle Cour. Les principaux Seigneurs étoient renvoyés dans leurs terres, pendant que les gens de basse naissance étoient pourvus de leurs emplois.

Elisabeth, rebutée des désordres de cette Cour, en écrivit au Pape ; elle lui exposa la mauvaise situation où se trouvoit son fils, & le pria de le couronner au plutôt, afin de consacrer par là sa personne, &

le rendre plus reſpectable à ſes peuples. Jeanne, de ſon côté, envoya des Ambaſſadeurs à Avignon, où le Saint Siége étoit alors. Ces Ambaſſadeurs repréſentèrent, que ſi la Reine avoit toute l'autorité, c'étoit pour l'avantage de ſes ſujets : qu'ayant confié à ſon mari pendant quelques jours le ſoin des affaires, il avoit aſſez fait connoître ſon peu d'habileté, que c'étoit un Prince imbécile, défiant, ſoupçonneux, & adonné aux vices les plus groſſiers. Clément V, après avoir peſé ces raiſons, déclara qu'étant le père commun, il vouloit penſer ſérieuſement à terminer ces différends, qu'en attendant il envoyeroit un Légat à Naples, pour gouverner le Royaume ſuivant le teſtament du Roi Robert.

Comme ce n'étoit pas là ce que Jeanne demandoit, elle aſſembla ſon Conſeil, compoſé alors de Robert Ponciaco, Gouverneur de Naples, d'Adenulphe de Camano, fameux Juriſconſulte ; de Robert de Chabanes, ſon Chevalier d'honneur ; de Robert de Milot, & de Barthélemi de Biſanto, ſon Médecin. Il fut réſolu que les Ambaſſadeurs demanderoient au Pape une ſeconde audience ; qu'ils lui remontreroient que la Reine ayant aſſez d'âge & d'expérience pour gouverner ſes Etats, n'y vouloit point de ſurveillant; que cette ſujétion lui feroit un tort conſidérable auprès de ſes ſujets, & la décréditeroient chez les Princes Etrangers; qu'elle le prioit donc de ne point troubler le repos de ſes Peuples, par une commiſſion hors de ſaiſon.

Les Ambaſſadeurs s'acquittèrent auprès du Pape de l'ordre qu'on leur avoit donné; il les écouta avec bonté, & fit réponſe qu'il avoit extrêmement à cœur la gloire du Royaume de Sicile & les intérêts de la Reine; qu'au reſte il avoit choiſi, par l'avis du Sacré Collége, un Légat qui lui ſeroit ſans doute agréable, & tel qu'elle ne le pourroit refuſer.

Le Légat arriva à Naples avec de très-amples pouvoirs, dont il ne ſe ſervit pourtant pas; on ne lui fit aucun honneur, on ne déféra point à ſes ordres, de manière qu'il fut obligé de s'en retourner. Clément ſe tint très-offenſé du mauvais accueil qu'on avoit fait à ſon Miniſtre; il étoit prêt de traiter en rebelles ces peuples qu'il regardoit toujours comme ſes ſujets, contre leſquels il n'eût pas même épargné les excommunications, lorſque Jeanne trouva moyen de pacifier les choſes. Elle écrivit au Cardinal de Périgord ſon parent, qu'elle le prioit de faire agréer au Pape, que l'Evêque de Cavaillon vînt à Naples en qualité de Légat.

Cet expédient fut reçu avec plaiſir; l'honneur du Saint Siége étoit à couvert par une ſoumiſſion de la part de la Reine, qui de ſon côté trouvoit ſon compte à un homme né ſon ſujet, & que le Roi Robert avoit été établi Adminiſtrateur du Royaume, durant ſa minorité. Peu de temps après, le Pape ſe rendit enfin aux prières d'Eliſabeth; il envoya quatre Cardinaux, qui couronnèrent ſolemnellement André & Jeanne, à condition qu'André ne prendroit point le titre de Roi, qu'il n'eût auparavant reconnu le tenir du Saint Siége; qu'il n'acquerroit par là aucun droit au Royaume de Sicile, lequel reviendroit directement à Marie, en cas que Jeanne mourût ſans enfans.

André jura d'obſerver toutes ces choſes; les Seigneurs du Royaume jurèrent après lui, d'obéir inviolablement à Marie, ſi la Reine venoit à mourir, à qui ſeule de ſon chef, la couronne appartenoit; ainſi André eut le titre de Roi, dont il ne jouit que quelques mois, & qui ne ſervit, pour ainſi dire, que d'ornement à ſon tombeau, ſa dignité ayant rendu sa personne plus odieuse à la Reine, qui enfin, poussée par de mauvais conseils & par d'injustes desirs, résolut de se défaire de lui.

Charles de Duras, Prince de son sang, étoit l'un de ceux qu'elle honoroit le plus de sa confiance ; il venoit d'épouser Marie de Sicile, sœur de la Reine : elle avoit d'abord trouvé mauvais ce mariage ; sa sœur devenoit par là sa rivale : de plus elle ne pouvoit pardonner à ce favori, d'avoir recherché avec empressement une Princesse, qui n'étoit un bon parti, que parce qu'elle étoit son héritière ; mais elle s'étoit depuis réconciliée avec lui par l'intérêt de ses plaisirs.

Ce Prince qui alloit à ses fins, sçut ménager adroitement les dégoûts de Jeanne pour son mari, & l'entretint dans le dessein qu'elle avoit pris de le perdre. Cette mort l'approchoit du trône, & pouvoit même l'y placer, en entraînant après elle la perte de la Reine.

Mais sur tout, ce qui poussa Jeanne à consentir à cet attentat, ce fut l'extrême passion qu'elle avoit conçue pour Louis de Tarente, le plus beau & le plus aimable Prince de sa Cour, laquelle passion ne lui laissant envisager que le plaisir qu'elle auroit de posséder

posséder son Amant, l'empêcha d'être épouvantée du chemin qu'elle prenoit pour y parvenir.

André commençoit d'ailleurs à se réveiller de son assoupissement. Il avoit auprès de lui un Cordelier, nommé Robert, que le Roi son père lui avoit donné pour Gouverneur. Cet homme étoit extraordinairement savant pour ce temps là, du reste il savoit peu la Cour, toujours prêt de porter les choses à l'extrémité, au lieu de les dissimuler, & de les adoucir. Il ouvroit les yeux à son Maître, sur les galanteries de la Reine, & le poussoit à s'en venger. Le Prince en avoit assez dit, pour faire craindre à sa femme quelque chose de funeste; de sorte qu'elle résolut de le prévenir, dans un temps, où se trouvant grosse, elle voyoit qu'il alloit devenir plus autorisé par la naissance d'un enfant. Elle fit part de son dessein au Comte de Terlice, au Comte de Mursan, au Chevalier Carraciol, au Comte d'Eboly, & à quelques autres de ses Domestiques les plus affidés. Des femmes eurent part aussi à cette intrigue; Marie de Sicile, fille naturelle du Roi Robert, Sanche de Cabane, Mabrice de Ruce, & Philippe Catenoise, Femme de Chambre de la Reine. Celle-ci avoit autant de crédit auprès de sa Maîtresse, que le Moine en avoit auprès du Roi ; & l'esprit de la Confidente n'étoit pas moins dangereux que celui du Gouverneur.

On choisit pour exécuter le coup, Charles Artus, & Bertrand son fils ; Conrard Cataulano, & Conrard Unfredo, auxquels on promit de grandes récompenses. La nuit qu'on avoit marquée pour cette action étant venue, on avertit André, que la Reine avoit des affaires importantes à lui communiquer ; il sort de son appartement, entre dans celui de sa femme, où les quatre assassins le saisirent, & le pendent au sommier d'une chambre, auquel on avoit eu la précaution d'attacher un cordon d'or & de soie. On dit que Jeanne avoit tissu elle-même ce cordon avec ses Femmes, & que son mari, quelques jours avant sa mort, lui ayant demandé à quel usage elle le destinoit, elle lui avoit répondu, en souriant, que c'étoit pour le pendre : ainsi mourut André de Hongrie, dans la ville d'Averse, à l'âge de dix-huit ans. Prince qui ne laissa pas d'être plaint, à cause de sa grande jeunesse, & d'une fin si malheureuse.

Le Pape ayant appris cette mort, envoya le Cardinal de Saint Marc à Averse, avec pouvoir d'informer du crime, & d'en punir les Auteurs. Ce Prélat fit quelques recherches, qui aboutirent à faire emprisonner une partie des coupables, & d'autres qui pouvoient donner connoissance du crime. La destinée des uns & des autres fut très-injuste. Les derniers périrent tous dans la prison, ayant été étranglés sourdement, & sans forme de procès, au lieu qu'on donna moyen aux coupables de se sauver auprès de Marie de Bourbon, Impératrice de Constantinople. Elle étoit proche parente de la Reine, & mère du Prince Louis de Tarente.

Ce fut en ce temps-là que Jeanne accoucha d'un garçon, trois mois après la mort de son mari. Elle lui fit prendre seulement le nom de Duc de Calabre, tant elle craignoit de partager sa dignité. La naissance de ce fils fut un prétexte pour s'abandonner aux divertissemens, que la bienséance avoit jusque-là défendus. Ce ne furent durant plusieurs jours, que fêtes & que festins. Une semblable conduite persuada ce que l'on soupçonnoit, que la Reine avoit contribué à la mort de son mari. Le peuple murmuroit contre elle sourdement, & Louis, Roi de Hongrie, surnommé le Grand, l'accusoit auprès du Pape de l'aſſaſſinat de ſon frère, & en demandoit hautement la vengeance. Ces bruits obligèrent la Reine à chercher du moins à ſauver les apparences.

Elle aſſembla ſon Conſeil, où le Prince de Baux, Chef de la Juſtice, lui remontra, ſuivant qu'il en étoit convenu ſecrétement avec elle, qu'il avoit informé contre les aſſaſſins du feu Roi, & contre leurs inſtigateurs; qu'ayant été arrêtés, ils avoient confeſſé leur crime, mais que par la facilité ou la corruption de leurs gardes, ils s'étoient ſauvés des priſons; qu'entre autres, Charles Artus, Bertrand ſon fils, & les deux Conrards, s'étoient retirés auprès de l'Impératrice de Conſtantinople; qu'il étoit inoui que cette Princeſſe donnât retraite à des traîtres qui avoient fait mourir leur Roi, dont elle étoit proche parente. Il finit en ſuppliant la Reine d'écrire à l'Impératrice & au Prince ſon fils, qu'ils euſſent à livrer les coupables; il s'offrit même d'aller en perſonne ſur les lieux, pour les faire arrêter & les ramener à Naples, où ils devoient être punis.

Jeanne, après avoir répandu quelques feintes larmes, & donné des louanges au zèle du Prince de Baux, répliqua, que ſans confier à autrui une vengeance auſſi importante que celle-là, elle iroit volontiers elle-même, pourſuivre les aſſaſſins de ſon époux, ſi ſon ſexe & ſa dignité le lui pouvoient permettre ; qu'elle déclaroit les Artus, & les Conrards ennemis de la Couronne, qu'elle vouloit qu'on les exterminât, en quelque lieu qu'ils fuſſent, & qu'elle alloit ſur l'heure en écrire à l'Impératrice. On eut ſoin d'expédier des Actes en bonne forme, de tout ce qui s'étoit paſſé dans le Conſeil, & de les afficher dans les places publiques.

Après que Jeanne eut donné les dehors à ſon devoir, elle penſa ſérieuſement à ſatisfaire la paſſion qu'elle avoit pour le Prince Louis de Tarente. Elle écrivit au Pape, que voulant dépendre abſolument de lui, elle prendroit toujours ſes avis pour de ſûres déciſions, qu'elle avoit fait toutes les recherches poſſibles contre les aſſaſſins du feu Roi, ſon Seigneur & ſon époux ; qu'au reſte elle vouloit bien lui dire, que de tous côtés on la preſſoit de ſe remarier, qu'entr'autres, le Roi de France lui propoſoit le Prince Louis de Tarente, ſon couſin, qu'elle ne pouvoit épouſer ſans diſpenſe là-deſſus. « Saint Père », ajoutoit-elle : « Votre humble fille ſe trouve dans de grands embarras ; d'un côté la commodité du veuvage ſemble nous flatter, de l'autre, notre fragilité, le ſoin de notre réputation, l'avantage de nos ſujets, nous conſeillent de prendre un mari : faites-nous part de vos ſaints avis là-deſſus, & nous envoyez une diſpenſe ».

Le Roi de Hongrie qui eut avis de cette négociation, écrivit au Pape, qu'il étoit contre les bonnes mœurs, que Jeanne épousât un Prince, avec qui elle avoit eû les derniers engagemens du vivant de ſon mari, que ſa grande jeuneſſe ne juſtifioit point de ſemblables nôces ; qu'enfin, ſi le Pape y conſentoit, il ne pourroit ſurvivre à la douleur, de voir le meurtrier de ſon frère ſur le trône.

Les motifs qui faiſoient agir le Roi de Hongrie, n'étoient pas ſi déſintéreſſés qu'il le vouloit perſuader ; il lui importoit que Jeanne n'obtînt pas une diſpenſe, qui l'auroit en quelque façon lavée de ſon crime ; & il avoit deſſein, en vengeant la mort de ſon frère, de s'emparer du Royaume de Sicile, ſur lequel il étoit réſolu de faire revivre ſes droits. Malgré toutes ſes inſtances la diſpenſe fut expédiée, & envoyée après quelques délais. Jeanne épouſa Louis de Tarente, Prince qui avoit ſu lui plaire par ſa bonne mine, par ſa taille avantageuſe, & par des manières agréables ; il ſe fit dans cette occaſion pluſieurs réjouiſſances dans ſa Cour, où la Reine eut une avanture, qu'on prendroit aiſément pour une fable, ſi l'on ne ſavoit d'ailleurs l'uſage de ces temps-là.

Elle donnoit un bal dans la Ville de Gayète, où les plus belles Dames & les hommes les mieux faits ſe trouvèrent. Elle choiſit pour danſer avec elle, le Seigneur Galeas de Mantoue, qui étoit alors le Cavalier d'Italie le plus accompli. Il danſa avec beaucoup de juſteſſe & d'agément; la Reine de ſon côté fit voir tant de graces & tant de majeſté, que le pauvre Gentilhomme, charmé de tout cela, auſſi bien que de l'honneur qu'il venoit de recevoir, s'approcha d'elle, lorſqu'elle ſe fut remiſe dans ſon Fauteuil, & mettant un genou en terre, il la remercia avec reſpect, de la grace qu'elle venoit de lui faire; il étoit tellement hors de lui-même, qu'il y a apparence qu'en voulant achever un compliment régulier, il dit pluſieurs extravagances, au moins il en fit aſſurément une, puiſqu'il s'obligea à aller par le monde, tenter les avantures de Chevalerie, de ſoutenir par-tout, & contre tous, qu'elle étoit la plus noble, la plus belle, & la plus généreuſe Princeſſe de l'univers, & de ne point ſe préſenter à elle, qu'il n'eût auparavant, vaincu deux vaillans Chevaliers, dont il s'engageoit de lui faire don. La Reine lui répondit qu'elle acceptoit son vœu, & qu'elle lui souhaitoit un heureux voyage.

Le nouveau Chevalier errant, se met en campagne, il traverse la Bourgogne, la France, l'Angleterre, l'Allemagne, & la Hongrie, où il y avoit alors, dit un vieil Auteur, une grande fleur de Chevalerie ; il livre plusieurs combats, où Jeanne fut toujours invoquée comme Dame de sa pensée & de son cœur. Enfin le bonheur secondant sa vaillance, il vainquit deux Chevaliers, qui, suivant les conditions, demeurèrent ses captifs. Il revient à Naples, avec eux, les présente à la Reine, un genou en terre, la suppliant d'agréer le don qu'il lui en faisoit ; elle le remercia avec bonté & reconnoissance, le déclara ensuite quitte de son vœu, & dit aux Chevaliers : Vous êtes maintenant à moi, & suivant les loix de vos combats, je puis disposer de vos personnes, à mon gré : mais vous jugez assez, à me voir, que je ne suis pas née cruelle, je vous rends la liberté ; vous pouvez dès à présent retourner chacun chez vous, si vous n'avez la curiosité de voir auparavant mes Etats. Les Chevaliers parcoururent en peu de temps la Sicile,

cile, puis ils vinrent prendre congé de la Reine, qui confirma le don qu'elle leur avoit fait de leur liberté, & leur donna de l'argent, & quelques chaînes d'or.

Pendant que la Cour s'occupoit de pareils amusemens, on eut nouvelle que Louis, Roi de Hongrie, s'avançoit vers la Sicile, avec une armée formidable; il faisoit porter un étendart noir, où étoit peint un Roi étranglé. Objet affreux! qui réveilloit sa douleur, & ranimoit sa vengeance.

Le seul nom du Roi de Hongrie étoit capable de donner de la terreur à ses ennemis. Dès l'âge de seize ans qu'il avoit commencé de régner, il avoit fait voir un jugement mûr dans son Conseil, un courage intrépide dans ses armées; il avoit vaincu autant de fois qu'il avoit fallu combattre, & faisant depuis servir le bonheur de ses armes à la gloire du vrai Dieu, il établit la religion Chrétienne, dans les Provinces nouvellement conquises, chassa les Juifs de ses états, remit les Papes en possession des biens de l'Eglise, que les Vicomtes de Milan avoient usurpés, bâtit plusieurs hôpitaux; enfin couronnant ses travaux par un saint amour de la retraite, il étoit prêt de remettre ses états à la Princesse sa fille, lorsqu'une mort inopinée, prévint ce dessein. Il fut regretté univerſellement de ſes peuples, qui en portèrent le deuil, & ſe privèrent volontairement de toutes ſortes de réjouiſſances pendant trois ans.

L'arrivée du Roi de Hongrie donna de terribles allarmes à la Reine. Elle envoya au-devant de lui l'Evêque de Tropéia; elle lui écrivit enſuite, que ſa douleur n'étoit pas moindre que la ſienne; que s'il perdoit un frère, elle avoit perdu un époux; qu'elle avoit autant d'ardeur que lui pour venger ſa mort, ajoutant que, pour l'avantage de ſes ſujets ſeulement, elle avoit pris un ſecond mari; qu'elle eſpéroit que ſon innocence triompheroit un jour de la malice de ſes ennemis, qu'elle le prioit de la protéger, & d'avoir pitié de ſon fils. Le Roi de Hongrie fit réponſe, que ſes galanteries continuelles, la mort de ſon mari impunie, ſes ſecondes nôces, & enfin ſes mauvaiſes excuſes, ſuffiſoient pour la convaincre.

Une réponſe ſi nette & ſi préciſe, fit connoître à Jeanne qu'elle ne devoit pas ſe fier au Roi de Hongrie. Elle prit le parti de ſe retirer dans ſa Comté de Provence, où ſon mari la ſuivit bientôt après. Elle fut extrêmement regrettée des Siciliens. La plupart des Seigneurs vinrent prendre congé d'elle, avec toutes les démonſtrations d'une triſteſſe véritable. Ses peuples la ſuivirent en foule juſqu'au port où elle devoit s'embarquer, faiſant continuellement des vœux pour ſon retour, & après qu'on eut mis à la voile, ils demeurèrent long-temps encore ſur le rivage, les yeux attachés au vaiſſeau qui portoit la Reine, juſqu'à ce qu'il ſe fût tout-à-fait dérobé à leur vue.

Il n'eſt point pour les Princes, de louanges moins équivoques que ces ſortes de regrets. La douceur de Jeanne, ſon humeur bienfaiſante, le ſoin qu'elle avoit eu de répandre l'abondance dans ſes Royaumes, d'en chaſſer les bandits, & de réprimer l'inſolence de quelques Gentilshommes, qui s'érigeoient en tyrans dans le fond des Provinces, lui avoient attiré l'affection de ſes peuples.

Elle paſſa ſon temps à Avignon, aſſez doucement. Elle avoit dans ſa petite Cour tous les beaux eſprits Provençaux, auxquels elle faiſoit beaucoup d'accueil. Elle ſe connoiſſoit en Ouvrages d'eſprit, & les ſavoit récompenſer. Auſſi les Poëtes de ce pays qu'on appelloit Troubadours, firent pluſieurs vers à ſa louange. Elle avoit du goût pour cette ſorte de Poéſie, où le brillant des Italiens, & la naïveté du génie François ſe trouvent en quelque façon raſſemblés. Bertrand de Peſenas, & ſa femme, récitèrent, en préſence de Louis & de Jeanne, deux Poëmes bien travaillés ; l'un rouloit ſur leur nouveau mariage, l'autre ſur le mérite du feu Roi André. Ces deux pièces furent très-approuvées. Le Roi donna au Poëte, un de ſes manteaux de ſoie, la Reine fit préſent à ſa femme, d'une de ſes jupes de velours cramoiſi. De tout temps il n'y a eu pour les Auteurs que de médiocres récompenſes.

Le célèbre Pétrarque étoit auſſi fort conſidéré de la Reine. Ce Poëte, né aux environs de Florence, étoit devenu ſi éperdument amoureux de Laure de Sado, Damoiſelle d'Avignon, en la regardant trop attentivement dans une Egliſe de cette Ville, un Vendredi Saint, que ſon amour ne put preſque finir qu'avec ſa vie. Jeanne l'avoit vu depuis à la Cour du Roi Robert, ſon aïeul, qui lui avoit fait obtenir à Rome la couronne de laurier, que l'on donnoit alors aux Poëtes illuſtres, & que la ville de Paris lui avoit offerte. Pétrarque étoit revenu enſuite à Avignon, auprès de la belle Laure. Sa paſſion pour elle, étoit tendre & reſpectueuſe, comme on en peut juger par ſes Sonnets ; mais il ſut lui expliquer agréablement ſon amour ; il ſe ſignala, ſur-tout par ses regrets après sa mort. Ce fut dans les vallées de Vaucluse, & sur les bords de la fontaine de Sorge, qu'il fit entendre ses plaintes : lieux où il avoit auparavant entretenu tant de fois sa Maîtresse de ses amours.

Cependant le Roi de Hongrie étoit entré dans la Sicile, sans avoir presque trouvé de résistance. Plusieurs Seigneurs étoient venus au-devant de lui dans la ville d'Averse. Robert, Prince de Tarente, Philippe son frère, & même Charles de Duras, que la Reine avoit établi Vice-Roi de Naples en son absence, furent de ce nombre. Ils lui présentèrent le Prince Carobert, fils du Roi André, qui n'avoit qu'un an. Louis fit bien des caresses à son neveu. Il souhaita ensuite de voir le lieu où son frère avoit été étranglé. Il demanda entr'autres à Charles de Duras, qu'il eût à le lui montrer. Comme ce Prince s'en excusoit, sur ce qu'il disoit ne le pas savoir, Louis s'emporta, & lui reprocha nettement, qu'il avoit eu part au crime, aussi bien que le Cardinal de Palagrue, son oncle. Il fit voir là-dessus au Duc une lettre écrite de sa main, à un Prince de la Maison d'Artois, qui sembloit le convaincre, & n'étant plus le maître de sa colère qu'il croyoit juste, il lui fit couper la tête, & fit jetter le tronc de ſon corps, au même lieu où l'on avoit mis celui d'André. Les autres Princes furent arrêtés. La Ducheſſe de Duras ſe ſauva en habit de Cordelier, avec les Princeſſes ſes filles.

Peu de mois après, la peſte déſola l'Italie & la Provence. Il ne s'étoit point vu depuis pluſieurs ſiècles une ſi grande mortalité. La plupart des Auteurs contemporains attribuent la cauſe de ces malheurs aux péchés des gens d'Egliſe, qui prêtoient leur argent à gros intérêt, & vendoient les Bénéfices au plus offrant. Excès que la Cour de Rome avoit apporté d'Italie en France, diſent-ils, en y transférant le Saint Siége. Quoi qu'il en ſoit, le mauvais air de Naples, obligea le Roi de Hongrie à ſe retirer, après avoir mis des garniſons dans les Places, & avoir établi pour Viceroi, Etienne, Vaivode de Tranſilvanie. Il partit avec le petit Carobert, ſon neveu, qui ne vécut que peu de temps, & avec les Princes du Sang qu'il emmenoit priſonniers.

Le Roi & la Reine de Sicile étoient toujours à Avignon, attendant un temps favorable pour rentrer dans leurs Etats. Ils venoient de vendre à Clément VI cette Ville là, quatre-vingt-mille Florins d'or de Florence. Plus d'une raison les y avoit porté. Outre qu'ils avoient besoin d'argent dans la mauvaise situation de leurs affaires, ils avoient intérêt de gagner l'esprit de Clément, qui pouvoit les justifier du crime qu'on leur avoit imputé, & ménager leur rétablissement par son crédit sur le Roi de Hongrie. Car en ce temps-là, par un abus qui s'étoit insensiblement glissé, les Papes disposoient des Couronnes, délioient les peuples du serment de fidélité, & ordonnoient la paix ou la guerre.

Par cette vente, la ville d'Avignon appartint au Saint Siège qui en jouit encore aujourd'hui; mais ni les richesses de la Cour Romaine qui y fit son séjour pendant plusieurs années, ni l'autorité des Vice-Légats qui y résident, n'ont pu changer jusqu'ici le cœur tout François des habitans, ni détruire la vieille haine qu'ils ont conçue contre les Italiens.

Le départ du Roi de Hongrie, l'affection des Siciliens sur laquelle Jeanne comptoit, la firent résoudre de retourner à Naples avec son mari. Après avoir pris congé du Pape, qui venoit de la déclarer innocente, & qui l'avoit assurée de sa protection, elle s'embarqua à Marseille, & fut reçue très-favorablement de ses sujets. Elle reconquit presque tout ſon Royaume, avec autant de facilité qu'elle l'avoit perdu. Les Hongrois n'ayant pas cru pouvoir tenir contre les efforts de toute la Nation, rendirent les places ſans attendre qu'on les y aſſiégeât, de ſorte que Louis & Jeanne entrèrent victorieux dans leur ville de Naples, ſans qu'il leur en eût coûté que quelques petits combats ; mais peu-après les choſes changèrent de face. Les Hongrois venant à ſe raſſembler, eurent honte d'avoir ſi facilement lâché pied ; ils formèrent un corps d'armée ; plus braves, ou plus heureux en campagne, ils gagnèrent une bataille contre ceux du parti de la Reine.

Pluſieurs Seigneurs Siciliens demeurèrent ſur la place, ou furent faits priſonniers. Cette affaire eut de fâcheuſes ſuites pour Jeanne. On eut recours à la voie d'accommodement ; mais les propoſitions que fit le Cardinal Cecano, Légat du Pape, furent toutes rejettées. Cependant comme on n'avoit pu réuſſir de ce côté-là, on gagna les Officiers de la garniſon, que commandoit Conrard Loup, Lieutenant du Roi de Hongrie, lequel ſe vit obligé d'abandonner le Fort dont il étoit Gouverneur.

Louis, Roi de Hongrie, irrité de la lâcheté des ſiens, revient en Sicile, prend Trani, aſſiége Averſe, qui

qui après avoir tenu durant trois mois, capitula & se rendit. Plusieurs Villes ayant suivi l'exemple que donnoit celle-ci, Jeanne se retira à Gayete. Le Roi victorieux, après avoir fortifié les Places, & y avoir mis de bonnes troupes, prit le chemin de Rome, dans le dessein d'y faire ses dévotions ; c'étoit l'année Sainte. Le Pape venoit de fixer à cinquante ans d'intervale, le grand Jubilé, que Boniface VIII avoit institué au commencement de chaque siècle, pour remplacer heureusement les Jeux séculaires de l'ancienne Rome. Les Romains firent beaucoup d'honneur à Louis ; ils lui offrirent le titre de Souverain, ou celui de Protecteur de leur Ville ; ce qu'il refusa avec beaucoup de modestie. Cependant les conquêtes de ce Roi n'étoient pas si bien affermis à Naples qu'il le pensoit. Ceux des Siciliens qui étoient demeurés jusque là dans son parti, n'étant plus soutenus par sa présence, vinrent à se relâcher peu-à-peu de leur affection pour lui. Ils ne regardoient plus leur Reine avec la même aversion qui leur avoit fait prendre les armes. C'étoit une jeune Princesse, plus malheureuse que coupable, protégée même par le Saint Père. Cette conduite bizarre des Siciliens, & sur-tout les prières réitérées de Clément VI, qui faiſoit ſon affaire du rétabliſſement de Jeanne, portèrent enfin le Roi de Hongrie à conclure la paix. Il rendit toutes les Places, ſe réſervant à faire valoir ſes droits ſur Naples, après la mort de la Reine. On lui donna trois cents mille Florins d'or de Florence, moyennant quoi il remit en liberté les Princes qu'il tenoit priſonniers; mais depuis, faiſant réflexion qu'il n'avoit pas dû tirer de rançon des Princes de ſon ſang, il donna cette ſomme à l'Egliſe.

Ce fut ainſi, que Louis & Jeanne rentrèrent dans leurs Etats. La Reine déclara auſſi-tôt ſon mariage, voulut que ſes ſujets rendiſſent hommage à ſon mari comme à leur Souverain, & envoya un Gentilhomme en Provence, pour le faire reconnoître. Peu après ils furent couronnés l'un & l'autre par l'Archevêque de Bracara.

Le Roi faiſant ſolemnellement ſon entrée à Naples, le jour de la cérémonie, ſon cheval fut tellement effrayé des fleurs qu'on jettoit par les fenêtres, qu'il le renverſa rudement par terre, & que ſa couronne étant tombée de deſſus ſa tête, ſe briſa en pièces. Ce fut là un beau ſujet de raiſonnement pour les faiſeurs de prédictions.

Le Roi, pour s'attacher plus particulièrement le

Seigneurs de Sicile, par des témoignages de diſtinction & d'honneur, inſtitua l'Ordre des Chevaliers del Nodo, ou du Saint Eſprit au droit Deſir. Il honora de cet Ordre ſoixante Gentilhommes, qui devoient porter pour marque de leur dignité, un nœud d'or étroitement attaché ſur la poitrine, ce qui ſignifioit leur attachement à la perſonne du Prince.

Depuis, Louis & Jeanne vécurent aſſez tranquillement, & il n'arriva rien de conſidérable, que la punition des Comtes de Baux, & une petite guerre avec Philippe d'Arragon, qui fut enſuite terminée par une bonne paix. Voici la cauſe & la concluſion de ces deux évènemens.

Pour ce qui regarde le premier : Marie de Sicile, Ducheſſe de Duras, & ſœur de la Reine, étant logée dans le château de l'Œuf, à Naples, Renaud de Baux, Comte d'Aveline, & grand Amiral du Royaume, la fit prier de ſouffrir qu'il lui rendît viſite. Il vient au Château avec ſes deux fils & quelques Pages, qui avoient des armes cachées ſous leurs habits, monte à la chambre de la Princeſſe, & la contraint d'épouſer Robert, l'aîné de ſes enfans. Il la fit enſuite traîner dans ſa galère, & s'enfuit avec ſa proie. Le Roi de Naples pourſuivit le Comte, dans le deſſein de venger l'injure faite à ſa belle-ſœur. L'ayant ſurpris au port de Gayète, il le tua de ſa propre main, & fit enfermer ſon fils Robert dans le même Château où il avoit oſé inſulter la Ducheſſe.

Celle-ci aima mieux demeurer avec la Reine ſa ſœur, que de vivre avec un mari qui n'étoit pas de ſon choix ; cependant elle ſe trouvoit dans un grand embarras. D'un côté la bienſéance l'empêchoit de demeurer avec ſon raviſſeur, qui d'ailleurs n'étoit guère à ſon gré, de l'autre elle ſe voyoit réduite à un triſte veuvage, d'autant plus difficile à ſupporter, qu'elle n'en pouvoit ſortir. Elle paſſa dans cette agitation deux années entières, au bout deſquelles étant allée trouver ce prétendu mari, accompagnée de quelques Gentilhommes, elle lui fit de ſanglans reproches, & le fit poignarder en ſa préſence, pour imiter de plus près la Reine ſa ſœur. Elle épouſa au bout d'un an Philippe de Tarente, frère du Roi.

Pour ce qui regarde l'affaire que Louis, Roi de Naples, eut avec Frédéric d'Aragon, Roi de Sicile, Louis s'étoit emparé de l'Iſle, avec le ſecours de quelques Seigneurs du pays ; mais peu-à-près il l'avoit rendue à Frédéric, lequel par le traité de paix avoit épousé Antoinette de Baux, nièce de Louis. De plus, Frédéric l'obligeoit par le même traité, à ne prendre que la qualité de Roi de Trinacrie, à payer tous les ans trois mille onces d'or à Louis & à Jeanne, & à leur fournir dans les besoins de l'Etat, dix galères & cent Gendarmes entretenus à ses frais.

Ce fut alors que Louis & Jeanne se virent dans une profonde paix. Après avoir affermi leur autorité, ils pensèrent à récompenser ceux qui les avoient secourus dans leur disgrace; ils devoient, sur-tout, leur rétablissement au Pape Clément VI. Le Saint Père étant mort, ils étendirent leur reconnoissance sur Guillaume Roger, Comte de Beaufort, son frère: ils lui donnèrent plusieurs belles terres, situées en Provence, qu'ils démembrèrent du Domaine de la Comté, & attachèrent par le même don, des droits si considérables à ces Fiefs, que ce fut une occasion d'une grande guerre dans la suite, entre le Vicomte de Turenne, fils de Guillaume Roger, & le Comte d'Armagnac.

Ces profusions de la Reine, donnèrent lieu à des remontrances qu'on lui fit. Mathieu de Porta, Jurisconsulte, dressa le cahier qui lui fut présenté au nom des trois Etats. On lui remontroit, entr'autres choses, qu'elle n'avoit pû aliéner son domaine au préjudice de la Princesse Françoise, sa fille, sans le consentement de ses peuples, que le Roi Robert avoit expressément défendu, en mourant, ces aliénations, que la Reine avoit elle-même déclaré nulles toutes les donations faites par le passé, & qu'elle feroit à l'avenir.

Jeanne répondit qu'elle pèseroit ces raisons. On crut que ces remontrances se faisoient de concert avec elle, pour se délivrer de l'importunité de plusieurs Seigneurs, qui demandoient des Fiefs en récompense de leurs services, & qui étoient d'autant plus à charge, qu'on leur avoit plus d'obligation. Quelque temps après, Louis de Tarente, Roi de Sicile, y finit sa vie, âgé de quarante-deux ans, dont il en avoit régné seize. Quelques Auteurs placent son décès sept ans auparavant; ils disent que son amour extraordinaire pour la Reine le consuma peu-à-peu, & le fit tomber dans une langueur, dont il mourut à la fleur de son âge; mais vraisemblablement ces Auteurs ont avancé sa fin, pour rendre plus croyable le genre de mort qu'ils lui attribuent, car il n'y a pas d'apparence que Louis eût expiré après ſeize ans de mariage, d'un excès de tendreſſe pour la Reine.

Au bout d'un an, Jeanne ſe remaria à Jacques, Infant de Maïorque, jeune Prince très-aimable & très-bien fait. Elle ne voulut point que celui-ci prît le titre de Roi, ſoit qu'elle eût éprouvé qu'on ceſſe d'être ſoumis, lorſqu'on n'a plus rien à ſouhaiter, ſoit qu'elle ſe trouvât dans un âge où l'ambition commence à l'emporter ſur l'amour. L'Infant fit d'abord des plaintes tendres & reſpectueuſes, enfin, plein de rage & de dépit, il ſe retira auprès du Roi, ſon père, trois mois après ſon mariage.

Le Roi de Maïorque avoit alors la guerre avec celui d'Aragon, qui avoit uſurpé ſes Etats vingt ans auparavant, ce qui s'étoit paſſé de la manière que je vais dire. La ville de Montpellier dépendoit anciennement des Evêques de Magalone, qui en étoient les Souverains; il arriva dans la ſuite, que les Seigneurs qui commandoient ſous ces Evêques, s'emparèrent peu-à-peu de la meilleure partie du Gouvernement.

Les Rois d'Aragon, & après eux, ceux de Maïorque étant venus à ſuccéder à ces Seigneurs, les Evêques perdirent toute leur autorité. Ceux-ci ne se trouvant pas assez forts pour se faire raison d'une pareille injustice, vendirent aux Rois de France la Souveraineté de Montpellier ; en cette qualité, la France pressoit depuis cinquante ans les Rois de Maïorque de lui rendre hommage, & de consentir que les appels des Juges de Montpellier ressortissent au Parlement de Paris ; ce fut inutilement. On répondit qu'il falloit s'en tenir à ce qui s'étoit pratiqué dans les derniers temps, plutôt qu'à de vieilles coutumes entièrement abolies, & que la France n'avoit pas plus de droit que les Evêques de Magalone, lesquels n'avoient jamais rien exigé de pareil.

Il fallut en venir à une guerre ouverte. Les François firent contribuer quelques Villages aux environs de Montpellier, & mirent des garnisons dans les autres. Jacques, Roi de Maïorque, eut recours en cette occasion à Pierre, Roi d'Aragon, surnommé le Cérémonieux. Il crut que ce Prince s'intéresseroit à lui conserver un domaine, qui avoit été autrefois donné pour apanage à ses aïeux, par des Rois d'Aragon, desquels il étoit issu. Le Roi Pierre étoit un Prince ambitieux, prêt à tout sacrifier à ses intérêts, de manière pourtant, qu'il ne haïssoit pas de paroître généreux

généreux & désintéressé ; il crut que l'occasion étoit favorable pour s'emparer des Etats de son parent. Il l'amusa d'abord, en lui faisant espérer du secours, en cas que le Roi de France ne lui fît pas justice. Il envoya même des Ambassadeurs en France, qui ne conclurent rien, suivant les ordres qu'ils en avoient. Il essaya ensuite de justifier sa froideur par les plaintes qu'il fit hautement contre le Roi de Maïorque ; il lui reprocha d'avoir refusé de se trouver aux assemblées générales des Etats d'Aragon, d'avoir fait battre monnoie à Perpignan, & d'avoir conclu des traités contre ses intérêts, avec le Roi de France & les Puissances d'Italie. Pour accabler ce Prince malheureux, la Reine son épouse servoit de témoin contre lui, & ses sujets accablés d'impôts, étoient tous prêts à recevoir une domination étrangère, dans l'espérance de quelque soulagement. Le Roi d'Aragon prit ce temps pour lui déclarer la guerre ; il envoye dans les Isles une armée nombreuse, & s'en empare en peu de temps, par l'infidélité de quelques-uns de ses sujets insulaires.

Le Roi de Maïorque avoit quelques Places en Terre ferme, où il s'étoit retiré. On l'y assiége aussitôt ; il n'y eut sorte de cruauté qu'on exerçât envers les ſiens, pour les ſoumettre promptement. N'ayant plus de place que Perpignan, il mit en délibération dans ſon Conſeil, ſi l'on tiendroit encore quelque temps, ou s'il valoit mieux ſe rendre au vainqueur, qu'une pareille ſoumiſſion adouciroit ſans doute. Les avis furent différens ; le Roi ſe tînt au plus ſûr, & alla trouver le Roi d'Aragon, qui le reçut d'abord aſſez agréablement ; mais il lui ôta enſuite le titre de Roi, & lui aſſigna une penſion très-peu conſidérable. Ce mauvais traitement fit recommencer la guerre, qui ne fut pas plus heureuſe au Roi Jacques, que l'avoit été la première, l'Infant, ſon fils, qui avoit quitté la Reine Jeanne, comme nous l'avons dit, y ayant été fait priſonnier.

Jamais Prince n'a été plus à plaindre que cet Infant. Le Royaume dont il étoit héritier, avoit été uſurpé ſur le Roi ſon père ; il étoit mari d'une grande Reine, ſans être Roi, & il avoit perdu la liberté. Il eſt vrai que Jeanne paya quatre mille Ducats pour ſa rançon ; mais quelques années après, elle lui fit couper la tête, ſur ce qu'elle découvrit qu'il avoit un grand attachement pour une Dame de la Cour. Telle fut la fin du troiſième mari de Jeanne, qu'un Auteur a jugé digne d'être louée, de n'avoir preſque eu de l'amour & de la jalousie que sur le chapitre de ses maris.

Un an s'étant écoulé, intervalle que Jeanne prenoit ordinairement pour essuyer ses larmes, elle épousa Othon de Brunswic. On dit qu'un Astrologue Provençal lui avoit prédit, dès son enfance, ses quatre maris par ces paroles latines, *Johanna maritabitur cum alio.* Les quatre lettres du mot *Alio*, se trouvent être les premières des noms d'André, de Louis, de Jacques, & d'Othon, qu'elle épousa l'un après l'autre.

Othon de Brunswic étoit de cette illustre Maison, qui a possédé une grande partie de l'Allemagne, où elle possède encore aujourd'hui les Duchés de Brunswic, Volfenbutel, Lunebourg, Hanovre, &c. Les guerres d'Italie y avoient attiré Othon; il s'étoit signalé en plusieurs occasions à la tête des troupes du Pape. Une haute réputation, jointe aux agrémens de sa personne, l'avoient rendu agréable à la Reine, qui le crut d'ailleurs propre à soutenir le poids des affaires.

Mais par ce mariage, elle se fit un dangereux ennemi; ce fut Charles de Duras, surnommé de la Paix, fils du Comte de Gravine, & neveu de ce

Duc de Duras que le Roi de Hongrie fit mourir à Averſe.

Ce Prince avoit été élevé à la Cour de Jeanne, qui lui avoit toujours marqué beaucoup de tendreſſe, & l'avoit même déſigné ſon ſucceſſeur, en le mariant à Marguerite de Duras, ſa nièce, fille de Charles, Duc de Duras, & de Marie de Sicile, ſa ſœur. Il fit ſes premières armes dans les troupes de Louis, Roi de Hongrie. Il ſe rendit recommandable en faiſant la guerre aux Vénitiens, ſous les ordres de ce Monarque, & il acquit ſur-tout beaucoup d'honneur, en ménageant entre les deux Etats une bonne paix, dont il tira même le ſurnom. Il revint enſuite en Sicile, où ſe voyant éloigné du trône par le mariage de la Reine, il ſongea tout de bon à s'en emparer. Le Schiſme qui venoit de s'élever dans l'Egliſe, favoriſa ſon deſſein, & avança la perte de la Reine, ce qui ſe paſſa de cette ſorte.

Il y avoit ſoixante-douze ans, que les Papes avoient quitté l'Italie, pour demeurer à Avignon, lorſque Grégoire XI, preſſé, dit-on, par les avertiſſemens de Sainte-Catherine de Sienne, & par les prières de pluſieurs Evêques, rétablit le Siége dans Rome; il mourut trois mois après cet heureux retour.

On lui choisit pour successeur Urbain VI, qui étoit au goût des Cardinaux d'Italie, & qui devoit résider à Rome. Peu après, les Cardinaux François, qui n'avoient consenti à son élévation, que malgré eux, s'étant retiré à Fundi, petite ville du Royaume de Naples, élurent, à la recommandation de la Reine, le Cardinal de Genève, que l'on nomma Clément VII.

Jeanne s'étoit déclarée contre Urbain, pensant qu'un Pape créé par les Cardinaux de France, seroit davantage dans ses intérêts. Elle croyoit de plus, que c'étoit une prérogative pour la Comté de Provence, que les Souverains Pontifes y fissent leur séjour. Elle avoit alors pour premier Ministre, Nicolas de Naples, célèbre Jurisconsulte, qui avoit composé autrefois plusieurs Mémoires contre Urbain, dans les procès que ce Pape avoit eu, n'étant encore que particulier. Quand il fut élevé au Pontificat, Othon de Brunswic l'alla saluer à Rome, accompagné de Nicolas de Naples, que la Reine avoit nommé son Ambassadeur. Le Pape donna un festin aux Ministres des Princes Etrangers, où Nicolas de Naples eut d'abord la place la plus honorable, parce que, outre son caractère, il étoit extrêmement distingué par ſon ſavoir : mais le Saint Père qui ne l'aimoit pas, commanda à ſon Maître d'Hôtel de le faire aſſeoir une place au-deſſous. Cet homme joignant ſes chagrins particuliers aux intérêts prétendus de l'Etat, porta la Reine à abandonner le Pape, & à conſentir à l'élévation de Clément. Ce fut lui qui dreſſa les actes où les Cardinaux François déclarèrent l'élection d'Urbain peu canonique ; c'eſt ainſi que des bagatelles donnent ſouvent le branle aux plus grands évènemens. Chacun des Princes de l'Europe ſe déclara pour celui des deux Papes, de la protection duquel il ſe croyoit le plus aſſuré. L'Italie, l'Allemagne, la Hongrie, s'attachèrent à Urbain ; la France, l'Eſpagne, Naples, l'Ecoſſe, prirent le parti de Clément. Les deux Pontifes n'épargnant rien pour ſoutenir leur élection, employèrent d'abord les foudres de l'Egliſe pour ſe combattre l'un l'autre ; mais il arriva que les excommunications étoient ſeulement révérées du parti qui les lançoit. Urbain ſongea à ſe venger d'une manière plus réelle & plus efficace. Il étoit ſur-tout irrité contre Jeanne, de la protection qu'elle accordoit à ſon Concurrent. Il étoit d'ailleurs de ſon intérêt, que le Royaume de Naples fût gouverné par des Princes qui fuſſent ſes alliés. Il obtint de Louis,

Roi de Hongrie, qu'il cédât ses droits sur Naples à Charles de la Paix, lequel jura solemnellement de venger la mort d'André par celle de Jeanne : il lui donna ensuite l'investiture de la Sicile. Charles, appuyé de tant de titres, n'avoit besoin que d'argent pour faire sa conquête. Urbain vendit, pour fournir aux frais de la guerre, le domaine de plusieurs Eglises, dont il tira quatre-vingt mille Florins d'or.

Jeanne de son côté alla trouver Clément VII à Fundi, où l'on raconte qu'elle lui fit ce discours: Saint Père, lui dit-elle, « le feu Roi Robert, mon ayeul, me commanda, en mourant, de demeurer toujours inviolablement attachée au Saint Siège. Si l'on vous attaque, me dit-il, faites une démission de vos Etats entre les mains du Successeur de Saint Pierre, qui gouvernera alors. Après le décès de ce grand Homme, je demeurai sous la conduite d'André, mon premier mari, qui me fut enlevé par sa mort dans une grande jeunesse. Les Seigneurs de Sicile m'engagèrent alors à épouser le Prince de Tarente ; cette alliance me fit beaucoup d'ennemis. Le Roi de Hongrie, s'avisant de trouver mauvais que j'eusse donné un mari successeur à son frère dans mon lit, me déclara la guerre. Je fus long-temps éloignée de mes Etats, où je ne rentrai que par les bons offices de Clément VI. Le Prince de Tarente mourut peu-à-près. On m'obligea à penser à de troisièmes nôces, & à épouser l'Infant de Maïorque, qui me quitta aussi-tôt, dans le dessein de reconquérir le Royaume de son père ; je fis mon possible pour le retenir. Je suis assez puissante, lui disois-je, pour vous faire un établissement considérable, indépendamment de vos Etats. Je ne fus point écoutée, il partit, & ne revint que pour mourir au milieu de ma Cour. Je me suis remariée à Othon de Brunswic. Cette alliance a soulevé contre moi, Charles de la Paix, à qui j'avois fait de si grands avantages ». Voilà ce que Jeanne dit au Saint Père, selon un Auteur, auquel, ajoute-t-il, elle fit un aveu exact des choses les plus cachées, & les plus particulières de sa vie ; mais si l'aveu étoit aussi véritable que le prétendu discours, le Saint Père ne lui étoit pas fort obligé de sa sincérité. Clément lui conseilla de mettre la France dans ses intérêts, en nommant pour son héritier Louis d'Anjou, second fils de Jean, Roi de France ; il lui manda la même chose d'Avignon, où il s'étoit retiré. Elle déclara donc par des Lettres autentiques, Charles de la Paix, déchu de ses prétentions

tions au Royaume de Naples, & adopta le Duc d'Anjou, ce qui fut confirmé par Clément. Jusqu'ici toutes choses étoient égales entre les deux Princes, jusqu'à ce que Charles de la Paix venant à Naples avec une armée, l'emporta sur Louis d'Anjou, qui avoit en France plus d'une affaire.

Il traversa presque toute la Sicile, sans trouver personne qui s'opposât à son passage ; mais étant venu près de Naples, Othon en sortit pour marcher à l'ennemi. On ouvrit les portes à Charles, & on les ferma à Othon, qui fut obligé d'assiéger sa propre Ville. L'usurpateur fit une sortie, dans laquelle ayant divisé son armée, il chargea celle d'Othon par deux endroits ; celui-ci s'acquitta en cette occasion, de tous les devoirs d'un bon Soldat, & d'un grand Capitaine ; mais son cheval étant tombé mort sous lui, il fut enveloppé, & se rendit.

La Reine s'étoit retirée au château de l'Œuf, où elle tenoit depuis quelques jours. La nouvelle de la prise de son mari, lui fit perdre courage, & la détermina à se rendre ; elle souhaita d'avoir un entretien avec Charles, dans le jardin du château, où elle lui dit : Jusqu'ici je vous ai regardé comme mon fils ; les choses ont changé, je vous reconnois pour mon vainqueur & mon maître ; souvenez-vous seulement que je suis Reine, & traitez mon mari en Prince de son rang. Charles de la Paix lui répondit avec beaucoup de civilité & de respect. Elle fut gardée dans son appartement, où on lui rendit de grands honneurs. On donna la liberté à Othon, à condition qu'il sortiroit du Royaume.

Charles étoit peut-être disposé à relâcher la Reine, s'il n'eût cru être obligé à consulter auparavant le Roi de Hongrie, par le secours & au nom duquel il avoit fait sa conquête. On trouva mauvais à la Cour de Hongrie, qu'il eût relâché si facilement un prisonnier de l'importance d'Othon. Pour ce qui regardoit la Reine, on lui manda qu'il la devoit faire étrangler au même lieu où le Roi André l'avoit été. Deux Barons Hongrois apportèrent ce cruel ordre, & le firent exécuter en leur présence. On coupa en même temps la tête à Marie de Sicile, fille naturelle du Roi Robert, qui étoit soupçonnée d'avoir eu part au même crime. Cette Princesse est célèbre dans l'Histoire, par l'amour que Bocace eut pour elle, & par deux Ouvrages qu'elle composa à sa louange. La postérité dédommageant les Hommes de Lettres de l'obscurité où ils sont durant leur vie, on ne parle de la Princeſſe qu'à cauſe de l'Auteur. Le corps de Jeanne fut enterré dans l'Egliſe de Sainte Claire de Naples, où la Reine Marguerite, ſa nièce, lui fit depuis élever un tombeau.

Les commencemens de ſon règne furent heureux. La fin en fut funeſte. Charles de Calabre lui donna la vie, Charles de la Paix la lui ôta, & la fit mourir du même genre de mort qu'elle avoit fait ſouffrir à un de ſes maris.

DE L'INFIDÉLITÉ DES FEMMES.

Tous les ſiècles ſe reſſemblent parfaitement ſur les uſages qui procèdent immédiatement du cœur des hommes ; parce que la cauſe étant toujours la même, elle produit toujours les mêmes effets.

De tous les uſages, il n'en eſt point dont on obſerve davantage la reſſemblance, que celui de la galanterie. Les Romains, chez qui nous allons toujours volontiers chercher nos exemples, vivoient à cet égard, dans le beau ſiècle de la République, à-peu-près comme on vit aujourd'hui parmi nous.

La galanterie y avoit paſſé en débauche, & en coutume autoriſée ; le déréglement des femmes du premier ordre y étoit ſi commun, qu'on étoit ſurpris d'en trouver quelques-unes qui fiſſent l'exception de la règle ; & quoiqu'il ſe trouve parmi les Romains quelques époux délicats comme il s'en trouve parmi nous, il eſt conſtant qu'en général les maris étoient fort peu effarouchés de la mauvaiſe conduite de leurs femmes, & étoient le plus ſouvent les meilleurs amis de leurs amans.

Ce que je trouve encore de parfaitement ſemblable à nos uſages, c'eſt que les plus honnêtes gens parmi eux étoient les plus expoſés aux infidélités de leurs femmes; de telle ſorte qu'à peine trouve-t-on quelques hommes illuſtres dans le dernier ſiècle de la République, qui ne puiſſent ſervir de modèle aux maris infortunés de nos jours.

Le premier des Romains étoit, ſans conteſtation, Jules Céſar. Il n'avoit que trente-neuf ans : c'étoit l'homme du monde le mieux fait, le plus aimé des femmes, & du plus rare mérite qui fut jamais.

Toute le monde ſait cependant le commerce de ſa femme Pompeïa avec Clodius. On ſait l'éclat effroyable que fit l'avanture arrivée au ſacrifice de la bonne Déeſſe, & les affaires qu'elle attira à Clodius. On admira ſur-tout, l'eſprit avec lequel Céſar, qui ne vouloit point ſe brouiller avec Clodius, ſe tira de cette intrigue, en répudiant ſa femme, qu'il ſoutint être innocente, mais non pas exempte de ſoupçon, *qualem decebat eſſe Cæſaris uxorem.*

Il n'y a perſonne qui ne puiſſe ſe conſoler d'un pareil malheur, quand il viendra à conſidérer que Jules-Céſar n'en a pas été exempt.

Pompée, ce fameux rival de Céſar, cet homme, appellé grand dès l'âge de vingt-cinq ans, revenant de la guerre contre Mithridate, apprit de ſi étranges choſes de la conduite de ſa femme Mutia avec Jules-Céſar, qu'il ne put s'empêcher de la répudier. Il ne laiſſa pourtant pas de s'unir quelque temps après de la manière du monde la plus étroite avec Céſar ; & ſa femme Mutia ne laiſſa pas de ſe marier dans la ſuite avec un homme de meilleure Maiſon que Pompée. Tant il eſt vrai, que ces grands Hommes étoient fort traitables ſur cette matière.

Je trouve pourtant que Pompée ne fut trahi par ſa femme que dans ſon abſence ; au lieu que Céſar le fut par la ſienne, pour ainſi dire, en face, & dans la fête la plus célèbre, & du plus grand éclat.

Marc-Antoine de Triumvir, qui avoit un mérite rare pour les femmes, vit l'infidélité de ſa première avec Dolabella ; mais il ne laiſſa pourtant pas d'être toujours très-étroitement de ſes amis : & il y a apparence qu'il n'ignora pas la paſſion de Fulvie ſa ſeconde pour Auguſte, qui n'étoit pas aſſez diſcret, ni assez de ses amis, pour lui laisser ignorer un secret si chagrinant.

Et s'il est vrai, comme l'ont cru plusieurs, qu'il avoit épousé Cléopatre, il est sûr qu'il étoit excellemment trompé par cette Reine d'Egypte, qui voyoit en secret Dellius, sous le prétexte qu'il étoit l'ami & le confident d'Antoine.

Le père de Brutus le conjuré, vit les amours de sa femme Servilie avec César; & il entendit dire publiquement dans la Ville, que Brutus en étoit fils. Servilie étoit sœur utérine de Caton, ce farouche Philosophe, ce vertueux rigide: & les amours de César avec elle, ne finirent point; car à travers mille galanteries auxquelles Jules-César se donnoit, il conserva toujours sa passion pour Servilie, qui revint toujours à lui.

Luculle, cet homme dont la douceur, les grandes actions, & la somptuosité n'ont été surpassés par qui que ce soit, éprouva le même sort que les autres, avec sa femme Claudia, qui poussa sa débauche & la perversité de sa conduite, jusqu'à s'abandonner à son propre frère, d'une manière si publique & si scandaleuse, qu'elle ne fut enfin ignorée de personne.

Son père n'avoit pas été plus heureux, & tout le monde ſait à quel excès Cécilie, mère de Luculle, s'étoit portée ; juſques-là qu'il fallut tout le mérite de ſon fils, pour n'en être pas terni.

On n'auroit jamais fait, ſi l'on vouloit pourſuivre tous les exemples que l'Hiſtoire fournit ſur cette matière. Ce ſiècle étoit parfaitement, comme le nôtre, plein de débauche, de paſſion & de foibleſſe.

Il faut pourtant convenir, qu'il ſe trouvoit, parmi tant de déréglement & de corruption, quelques femmes d'une vertu ſi rare & ſi ſublime, que je doute qu'on puiſſe en trouver aujourd'hui de plus grande.

Cornélie, la dernière femme de Pompée, dont la fidélité & le grand cœur ont été le ſujet de l'admiration de tous les ſiècles, mérita qu'on dît qu'elle étoit encore plus illuſtre que ſon époux, & que le vainqueur de ſon époux.

On trouveroit encore dans le portrait de la femme de Paul Emile, un grand caractère de vertu. On en trouveroit un encore plus grand, & plus magnanime dans Portia, femme de Brutus. Tout le monde ſait ces Hiſtoires ; & il ſuffit de dire, qu'en cela, notre ſiècle ne ſurpaſſe pas celui de Céſar.

FIN.

www.ingramcontent.com/pod-product-compliance
Ingram Content Group UK Ltd.
Pitfield, Milton Keynes, MK11 3LW, UK
UKHW020432180726
13839UKWH00003B/1450